AF247849

LE REMÈDE

A NOS MAUX:

FOI ET CHARITÉ.

PAR UN CATHOLIQUE FRANC-COMTOIS.

Le Sauveur disait à ses disciples :

Voici le précepte que je vous donne : c'est que vous vous aimiez les uns les autres, comme je vous ai aimés.

Hoc est præceptum meum, ut diligatis invicem, sicut dilexi vos.

Ev. S. Joan., c. XV, v. 12.

Se vend 50 centimes,

BESANÇON,

CHEZ TURBERGUE, LIBRAIRE,

Rue Saint-Vincent, 31.

Novembre 1849.

LE REMÈDE

A NOS MAUX:

FOI ET CHARITÉ.

PAR UN CATHOLIQUE FRANC-COMTOIS.

Le Sauveur disait à ses disciples :

Voici le précepte que je vous donne : c'est que vous vous aimiez les uns les autres, comme je vous ai aimés.

Hoc est præceptum meum, ut-diligatis invicem, sicut dilexi vos.

Ev. S. Joan., c. XV, v. 12.

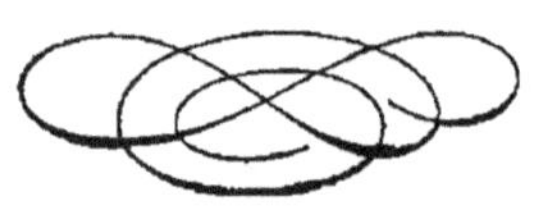

BESANÇON,

IMPRIMERIE ET LITHOGRAPHIE DE J. JACQUIN,

Grande-Rue, 14, à la Vieille-Intendance.

Novembre 1849.

Malgré les conseils de quelques hommes recommandables, au suffrage desquels j'attache beaucoup de prix, j'ai long-temps hésité avant de me décider à mettre au jour ces ré-flexions écrites depuis quelques mois, sous l'impression des graves événements qui ont agité notre France, et qui ont ébranlé la société jusque dans ses bases. Ce qui me retenait, c'est que je suis persuadé qu'il n'y a déjà que trop d'écrits, tandis que les œuvres propres à réparer le mal qui nous dé-vore sont trop rares, trop peu proportionnées, soit pour le nombre, soit pour l'étendue, à l'immensité des besoins. Nous appartenons à un siècle où l'on parle, où l'on écrit beaucoup, et souvent, il faut le dire, de très bonnes choses, mais où la foi et la charité agissent trop peu : et, cependant, j'en suis profondément convaincu, et j'espère en convaincre tout lec-teur de bonne foi, l'action de la foi et de la charité est l'u-nique remède à nos maux, le seul qui puisse avec le temps guérir efficacement et renouveler cette société, dont l'égoïsme, la corruption des mœurs, l'impiété et l'oubli de tous les de-voirs, creusent chaque jour le tombeau.

Aussi ne me suis-je déterminé enfin à suivre le conseil de

quelques amis, et à livrer à la publicité le fruit de mes méditations, que dans le but de réveiller, si je le puis, dans l'âme d'un certain nombre de mes concitoyens, le zèle pour les œuvres de la foi et de la charité, dont le besoin se fait de plus en plus sentir dans une société minée d'un côté par l'indifférence religieuse, et de l'autre par un égoïsme barbare.

Ce n'est point ici une œuvre littéraire ou scientifique destinée aux beaux esprits ou aux savants : c'est l'appel d'un catholique, vivement touché des maux de ses frères, à d'autres catholiques qui doivent aussi s'émouvoir de tant de misères, et, en général, à tout ce qu'il y a en France d'hommes généreux, dévoués, sensibles aux souffrances de l'humanité, et portant dans leur cœur un germe de foi et d'espérance chrétiennes. Je m'estimerai trop heureux et trop récompensé de mon petit travail, s'il fait naître dans un seul de mes lecteurs quelques-unes de ces grandes pensées, quelques-uns de ces nobles sentiments qui enfantent les entreprises utiles, les institutions propres à régénérer peu à peu les nations.

LE REMÈDE

A NOS MAUX:

FOI ET CHARITÉ.

Dans les circonstances critiques où se trouve aujourd'hui la société, non-seulement en France, mais dans toute l'Europe ; en voyant se produire, chaque jour avec plus d'audace, les doctrines épouvantables qui menacent le monde du plus affreux bouleversement, tous les hommes qui tiennent encore à la conservation de l'ordre, au moins de l'ordre matériel, se demandent avec effroi quelle digue on pourra opposer au torrent dévastateur. Les vieilles nations européennes, corrompues comme l'était Rome à la veille de la conspiration de Catilina, tremblent toutes comme la cité maîtresse du monde, lorsqu'elle eut connaissance des projets sanguinaires du monstre qui se préparait à désoler sa patrie par le vol, le meurtre et l'incendie. Nous sommes, en effet, en face d'une conspiration à la Catilina, conçue sur la plus vaste échelle qu'on puisse imaginer. La conspiration du communiste romain était déjà le résultat de la corruption qui, à Rome, avait fait mettre en oubli ces principes éternels de religion et de morale, restes précieux de la révélation primitive, qui avaient porté si haut la gloire des premiers temps de la République romaine. Les riches patriciens, ne soupirant plus qu'après l'or et les jouissances du luxe, étaient devenus égoïstes et sans entrailles pour les souffrances des plébéiens; et ceux-ci, de leur côté, irrités de leurs souffrances et envieux des jouissances de leurs maîtres superbes, ne songeaient plus qu'à leur arracher, par la violence, des biens dont ils faisaient un si mauvais usage, et des emplois qui n'étaient plus pour eux des charges supportées dans l'intérêt de la chose publique, mais seulement des moyens de s'enrichir.

Aujourd'hui, la conspiration communiste et socialiste en permanence a les mêmes causes; seulement, les doctrines des conjurés modernes doivent être bien plus affreuses, bien plus subversives encore de tout ordre social, parce que, d'un côté, les conspirateurs modernes abusent de lumières bien supérieures à celles qui restaient encore aux nations païennes, je veux dire des lumières que la religion catholique a répandues dans le monde; parce que, d'un autre côté, les riches égoïstes, qui, aujourd'hui, au mépris de la grande loi de la charité promulguée par l'Evangile, ne s'inquiètent point des besoins de leurs frères, sont mille fois plus coupables que les riches inhumains du paganisme, *corruptio optimi pessima :* il n'y a pas de pire corruption que celle de celui qui devrait être très bon; et l'Evangile nous dit, que le châtiment est toujours proportionné à l'abondance des grâces dont on a abusé. Si donc on ne revient pas à la foi et à la pratique des vérités de l'Evangile, il faut s'attendre à des calamités dont celles de l'ancien monde ne seraient qu une faible image. Chacun le pressent, chacun le redoute ; mais bien peu de personnes songent sérieusement à prendre les moyens qui seuls pourraient conjurer la tempête. Comme dans les grands et imminents périls, qui viennent tout à coup assaillir une cité prise au dépourvu, chacun semble perdre la tête ; on s'agite, on délibère, on se divise en face de l'ennemi, et la mésintelligence qui se manifeste au milieu de ceux même qui devraient être ses premiers défenseurs, semble annoncer à cette malheureuse cité une ruine prochaine, avant même qu'elle soit attaquée par l'ennemi. Chacun s'en va répétant que la société chancelle sur ses bases, parce qu'il n'y a plus rien de sacré ; parce que tous les droits sont niés, tous les devoirs contestés ; parce que chacun veut se faire à soi-même sa règle et sa loi ; et on ne veut pas voir qu'il en sera toujours et nécessairement ainsi, tant qu'on ne voudra pas faire remonter plus haut que l'homme le principe de la loi, du droit et du devoir ; et chacun s'en va augmentant l'anarchie qui règne dans les intelligences, en ajoutant ses utopies, ses théories purement humaines, aux théories qui mettent déjà la confusion dans le sein de la moderne Babel.

Ce serait ici le cas de montrer que cette confusion, cette anarchie affreuse des intelligences, est le résultat nécessaire de l'abandon des principes catholiques par les nations, et de prendre de là occasion de démontrer, plus clairement que jamais, la nécessité sociale de la religion, de la religion catholique. J'en dirai quelque chose dans la suite de ces réflexions ; en ce moment, je me borne à cette simple observation : la nécessité sociale de la religion a été démontrée mille et mille fois par les plus grands génies, d'une manière si convaincante, qu'il faut avoir perdu les premières notions du bon sens pour ne pas la reconnaître. Dans ces cinquante dernières années surtout, en répondant aux nouvelles attaques dirigées contre la religion, les plus illustres défenseurs du catholicisme ont porté cette démonstration jusqu'au dernier degré d'évidence. Mais, pour soumettre des esprits aveuglés par les passions et l'impiété, pour réduire des cœurs que l'orgueil et le sensualisme ont rendus si rebelles, il faut autre chose que des raisonnements : il faut la logique des faits. Celle-là, c'est l'auteur même des sociétés, c'est Dieu qui en fait entendre le terrible langage, et qui, par les coups redoublés de sa justice, rend palpables aux nations épouvantées les affreuses conséquences de l'impiété. Quand ce sont les hommes, même les plus grands par le génie et par la vertu, qui discutent avec leurs semblables pour les ramener dans les sentiers de la vérité, l'expérience prouve que souvent leurs plus beaux discours se perdent dans les airs. Mais quand enfin Dieu lui-même parle, quand il fait retentir le tonnerre de sa justice, il faut pourtant bien l'entendre.

Lorsque les hommes, esclaves de leurs sens et de leurs passions, en viennent jusqu'à mépriser leurs destinées immortelles, Dieu alors les rappelle à sa loi sainte par les châtiments ; il les force à reconnaître, par les effets, la vérité de ces paroles des livres saints : *Justitia elevat gentem ; miseros facit populos peccatum.* L'homme est toujours puni par où il a péché : ainsi, c'est en sacrifiant leur âme à leur corps, leur intérêt spirituel et éternel aux intérêts matériels et passagers, que les hommes de ce siècle en sont venus à oublier entièrement leur fin surnaturelle ; et voilà que le bonheur même de la terre leur échappe ; et par suite des excès et des dérèglements de leurs passions, le désordre est partout, dans toutes les conditions, dans tous les rangs de la société; et chacun se voit menacé dans les plus chers et les plus légitimes objets de ses affections, dans ses propriétés, dans sa famille, dans sa vie, dans sa religion. Car tel est le sort dont nous menace le communisme qui est à nos portes, et qui est le résultat inévitable de l'abandon des principes catholiques, le résultat de l'enseignement et de l'éducation donnés depuis plus d'un demi-siècle aux générations nouvelles. C'est ce que vient de démontrer d'une manière invincible l'auteur de l'ouvrage extrêmement remarquable qui a pour titre: *Un éclair avant la foudre, ou le Communisme et ses causes.*

A la vue de ces symptômes effrayants, qui semblent annoncer parmi nous la dissolution de la société, qui ne reconnaîtrait donc enfin que le bras de la justice divine est levé sur notre malheureuse patrie, et qu'il est prêt à frapper? Les châtiments anciens ont été des châtiments de père, où la miséricorde toujours mêlée à la justice voulait, en quelque sorte, à force de bonté, triompher de notre obstination dans le mal. Mais aujourd'hui, n'avons-nous pas à craindre que le Tout-Puissant, trop longtemps méprisé, ne se prépare à nous traiter en juge sévère, d'autant plus irrité qu'on a plus abusé de sa patience et de sa clémence? Et cependant, cette patience, cette clémence infinie, n'attend encore qu'un retour, un commencement même de retour sincère, pour nous pardonner et opérer en notre faveur de nouveaux prodiges.

Pourquoi la France est-elle maintenant sur le bord de l'abîme?.. Pourquoi ses enfants sont-ils partagés en deux camps ennemis, prêts à se précipiter l'un sur l'autre, pour s'entre-égorger? Il y a longtemps que les écrivains catholiques le répètent sur tous les tons: c'est que la foi s'est éteinte parmi nous; c'est qu'avec elle la charité s'est éloignée des cœurs, pour n'y laisser qu'un froid égoïsme, père de la haine, de la discorde et de la guerre.

Depuis que l'on ne croit plus aux biens du Ciel, ceux de la terre sont devenus comme une proie, sur laquelle les citoyens d'une même patrie sont prêts à se jeter, pour s'en disputer et s'en arracher les lambeaux en s'entre-déchirant, comme les sauvages et les bêtes des forêts.

Une nation qui en est là, et dont le mal est si profond, ne saurait être guérie par de vains palliatifs. Comme on l'a très bien dit, le mal est à l'âme, et c'est l'âme qu'il faut guérir. Autrement, la cause des désordres et des bouleversements sociaux subsistant toujours, et prenant même chaque jour un nouveau degré de force et de puissance destructive, par les progrès chaque jour croissant de la démoralisation, cette cause produira enfin son résultat final, la dissolution de la société parmi nous.

Or, la guérison des âmes, et par conséquent le salut de la patrie, ne s'opérera pas par des moyens purement politiques, par l'emploi de la force publique pour la répression des tentatives des factieux, par la coalition de tous ceux qu'on appelle conservateurs et amis de l'ordre; par la fusion, par l'union de tous les partis modérés. Ce n'est pas que je veuille dire qu'il ne soit pas nécessaire d'employer ces moyens; ils peuvent retarder les dernières catastrophes; mais, enfin, tous ces moyens sont de l'ordre purement matériel, et ne sauraient par conséquent remédier au mal moral de la société, au mal de l'âme, source de tous nos autres maux. Ces moyens mêmes, si l'on continuait plus longtemps à les employer seuls, ne feraient probablement qu'aigrir la maladie du corps social et en précipiter les crises, en augmentant la haine dans le camp ennemi. On verrait, d'un côté, l'armée des conservateurs, des propriétaires, s'organisant pour la défense, et, d'un autre côté, on verrait aussi l'armée des prolétaires, l'armée des agresseurs, s'organisant d'une manière plus formidable encore pour l'attaque. En un mot, il faudrait voir partout la haine, la vengeance et la guerre; mais la guerre la plus épouvantable et la plus acharnée qu'on puisse imaginer. Si la maladie des âmes va ainsi chaque jour en empirant, ne faut-il pas que vienne aussi le moment, et bientôt peut-être, où la force elle-même, la direction de la force publique échappera au parti de l'ordre, où l'emploi des moyens politiques, et tout accord entre les citoyens, pour la défense de la société, deviendront impossibles?

On convient, à la vérité, assez généralement, que l'emploi de la force et des moyens purement politiques ne suffit pas aujourd'hui, pour guérir les plaies de la société, et la préserver de sa ruine; qu'il faut éclairer les esprits, instruire les masses, et par conséquent multiplier les brochures populaires et les bons journaux. Je ne nie pas non plus que ce moyen puisse avoir son utilité, et qu'il faille en faire usage. A cet égard même, ne pourrait-on pas reprocher au parti conservateur d'avoir moins de zèle, moins de désintéressement pour la défense des principes qui servent de base à la société, que les ennemis de celle-ci n'en ont pour les attaquer?

A l'époque des dernières élections, dans plusieurs départements, il s'est trouvé des socialistes, des communistes, qui ont fait des sacrifices d'argent considérables pour répandre gratis et à profusion, des journaux et des brochures détestables, parmi les populations de nos villes et de nos campagnes; et il ne s'est pas trouvé dans le camp des conservateurs assez d'hommes généreux pour offrir, gratis aussi, à ces mêmes populations, le contre-poison.

Mais supposons qu'à ce déluge de mauvais écrits et de mauvais journaux, les conservateurs opposent une égale quantité de brochures et de journaux, pour combattre par la raison les doctrines anarchiques : hélas ! dans notre société rationaliste et sceptique, ces brochures, ces feuilles périodiques auront-elles autant de succès qu'on s'en promet? On discutera les divers systèmes sociaux ou anti-sociaux qui partagent les esprits ; mais les oreilles du peuple seront toujours bien plus ouvertes aux écrits qui flattent les passions, qu'à ceux qui lui rappellent ses devoirs. Dieu seul peut commander aux passions de l'homme, aussi bien qu'à son intelligence, et la foi seule pourrait combattre avec avantage les écarts de l'esprit et du cœur [1]. La foi, dira-t-on.... mais elle est morte en France! Non, elle n'est pas morte, elle n'est qu'assoupie. Veut-on la ranimer? Ce ne sont pas des écrits seulement qu'il faut aujourd'hui, et surtout des écrits purement rationalistes et politiques. Des ouvrages même dictés par le zèle pour la défense de la religion ne suffiraient pas et auraient peu d'effets. Ce sont des actes qu'il faut, des actes inspirés par la charité chrétienne, par l'héroïsme de la charité. C'est au réveil, c'est au développement extraordinaire

(1) Que direz-vous, en effet, à ceux dont vous combattez les mauvaises doctrines? Que leurs systèmes sont absurdes? Mais ils vous répondront que ce sont les vôtres qui font injure aux progrès de l'esprit humain, et ils vous demanderont de quel droit vous prétendez juger leurs pensées et leur imposer les vôtres, réprimer leurs désirs, restreindre leurs jouissances, pour conserver ou étendre les vôtres? Ah ! reconnaissez-le, la société n'est si malade, l'anarchie dans les intelligence et la licence dans les actions ne sont si grandes, que parce que l'autorité de Dieu est presque entièrement et partout méconnue, par les individus, par les familles et par les états ; parce que, presque partout, on a substitué l'homme à Dieu.

de cette vertu divine, qui est l'abrégé de l'Evangile, qu'est attaché le salut de la société parmi nous et la résurrection de la foi. Les bons écrits en tous genres ne nous ont pas manqué : quels résultats ont-ils obtenus? On ne les lit pas, ou bien ils effleurent à peine les âmes, dans cet état d'indifférence et d'assujétissement aux sens où elles sont plongées. Ce qui toucherait les cœurs surtout, ce serait le spectacle qui frappa tant les païens et en convertit autant que les miracles, le spectacle de cet amour fraternel, qui ne faisait des premiers chrétiens qu'une seule famille, dont tous les membres semblaient n'avoir qu'un cœur et qu'une âme; spectacle qui arrachait de la bouche de leurs plus mortels ennemis ce cri d'admiration : Voyez comme ils s'aiment! C'est alors que les écrits produiraient tout leur effet, parce qu'ils ne feraient que retracer par la parole ce que l'on verrait tous les jours en action, les sublimes efforts de la foi et de la charité chrétiennes. Imitons notre Sauveur, dont il est écrit : *Cœpit Jesus facere et docere.* Prêchons d'exemple, et la prédication de la parole et celle de la presse deviendront toutes puissantes. Sans cela, notre vie lâche et égoïste contrasterait trop avec notre doctrine, pour ne pas lui ôter presque toute son efficacité. On nous dirait : Il est beaucoup plus facile de faire de beaux discours, de beaux livres sur l'humilité, sur l'abnégation, sur l'esprit de sacrifice, sur toutes ces vertus qui découlent de la Croix, que de les pratiquer. « Notre vie, disait Massillon, est toujours le véritable rabais auquel on met nos paroles. » Reconnaissons-le humblement : au milieu d'une société énervée par les jouissances, nous autres chrétiens, nous nous sommes un peu amollis ; nous sommes, généralement parlant, devenus trop bourgeois, trop amis de nos aises et des commodités de la vie. Ah! que les enseignements de cette justice miséricordieuse qui nous châtie pour nous rendre meilleurs, ne soient pas perdus pour nous.

Je ne nie pas les nombreux actes de charité qui se pratiquent de nos jours, dans le sein de l'Eglise de France. Je sais qu'il y a encore dans notre patrie beaucoup de bonnes âmes, soit parmi les laïques, soit dans le clergé, qui donnent journellement les plus beaux exemples de dévouement et de charité fraternelle ; mais aussi, c'est à elles, et uniquement à elles, après Dieu, que nous devons la conservation de ce qui reste encore parmi nous de christianisme. Que leur nombre s'augmente, que cet esprit se propage dans tous les rangs, que la charité du Sauveur embrase de plus en plus le cœur de tous ; et la religion, la société seront sauvées dans notre pays. On peut en juger facilement par les effets prodigieux qu'ont produits quelques actes, même isolés, de dévouement. Si une portion des ouvriers de Paris, et de nos autres grandes villes, ne se laissent pas séduire par les doctrines subversives du socialisme et du communisme, ne le doit-on pas à la salutaire influence des sociétés de Saint-Vincent-de-Paul ? Voyez le bien qu'ont opéré en peu de jours, dans un faubourg peuplé d'ouvriers, quelques visites paternelles d'un ministre animé par la foi et par la charité chrétiennes. Que faudrait-il pour tuer, pour enterrer le socialisme et le communisme ? Une vaste résurrection des vertus qui découlent de la Croix.

La Croix, nous répondra-t-on peut-être, mais son règne est passé !... Oh ! non, le monde au contraire a soif des dévouements que la Croix seule inspire. Il sent que ses plaies si profondes ne peuvent être guéries, comme la première fois, que par les plaies de son Sauveur : *Livore ejus sanati sumus.*

De quoi, en effet, ont besoin tous ces malheureux, tous ces prolétaires, qui souffrent encore plus de l'âme que du corps? Ils ont besoin d'être relevés à leurs propres yeux, non point par l'orgueil et par la cupidité, qui sont comme le résumé des doctrines socialistes, mais par la charité, par le respect de leurs frères. Ils ont besoin de reconnaître, aux soins et aux attentions de leurs frères pour eux, qu'eux aussi, non-seulement sont de la grande famille chrétienne, mais qu'ils en sont même les aînés, les privilégiés, qu'ils sont les amis particuliers du Sauveur. Non, qu'on ne dise pas que le monde ne veut plus de la Croix ; il ne peut vouloir qu'elle : elle seule sait faire aimer, comme il faut aimer, pour se dévouer, pour se donner soi-même. Elle seule peut vaincre le mal ; et ces paroles : *in hoc signo vinces,* sont peut-être d'une plus éclatante vérité aujourd'hui que du temps de Constantin.

Avouons-le, en ce qui concerne la défense de la religion, nous autres catholiques même, nous sommes aussi beaucoup trop rationalistes, c'est-à-dire que nous comptons beaucoup trop sur nos propres forces, sur des moyens humains, sur les talents des uns, sur l'habileté des autres ; sur l'influence de la bonne presse pour contrebalancer les effets de la mauvaise. Sans doute, ces moyens peuvent avoir une efficacité plus ou moins grande, suivant qu'ils sont ou non mis en œuvre par la foi ; mais ce ne sont que des moyens secondaires. Le grand moyen, le moyen unique, auquel tous les autres se rapportent, c'est la prédication de la Croix, ce sont les œuvres que prêche la Croix : *Non in persuasibilibus humanæ sapientiæ verbis, ut non evacuetur Crux Christi.* Oui, que le Seigneur multiplie parmi nous les apôtres et les vrais disciples de la Croix, et nous serons sauvés.

Quel chrétien, à la lumière effrayante qui a jailli du sein des récentes tempêtes, n'a pas médité plus profondément sur les mystères de l'Homme-Dieu pauvre, humilié, souffrant, laissant partout des traces de sa bonté, et s'immolant pour les hommes; sur les enseignements sublimes de l'étable et de la crèche, de l'atelier de Nazareth et du Calvaire? Ah! pour moi, je l'avoue, à ces coups de tonnerre qui ont retenti pendant les tristes jours de nos discordes civiles, il me semblait entendre une voix qui me reprochait de porter si mal le beau titre de chrétien. Les cris de désespoir du pauvre changés en cris de rage, étaient pour moi comme un effrayant écho de ces formidables paroles d'un Père de l'Eglise: Ne l'avoir pas nourri, c'est l'avoir tué : *Non pavisti, occidisti*. Je ne suis pas riche, me disais-je à moi-même, mais cependant combien y en a-t-il parmi mes frères qui souffrent, qui manquent des choses les plus nécessaires, tandis qu'en réalité je ne manque de rien. Oh! de combien de choses tu aurais pu te passer! Que de bien tu aurais pu faire et que tu n'as pas fait! Puissent ces réflexions n'être pas stériles pour moi! Puissent-elles en inspirer de semblables à tous ceux de mes frères qui sont au-dessus du besoin! Et bientôt, comme à la naissance du christianisme, il n'y aura plus, parmi nous, de pauvres privés de secours; et la capitale, et nos grandes villes n'offriront plus l'affreux, le déchirant spectacle de ces milliers de familles qui meurent de misère, et que l'excès de l'indigence plonge dans l'excès de la dégradation.

Si les chrétiens doivent faire des réflexions si sérieuses, si même ils ont à s'adresser de si graves reproches, quelle sera l'excuse de ces conservateurs, qui semblent, pour la plupart, avoir renié le nom de chrétien, et qui, cependant, se rangent aujourd'hui, et veulent qu'on les compte parmi les défenseurs de l'ordre? Avant que le sol tremblât sous nos pas, s'occupaient-ils beaucoup de ceux de leurs frères qui manquaient de pain et de travail? Livrés au soin d'augmenter leur fortune, de placer avantageusement leurs enfants, de se procurer des honneurs et des dignités, un trop grand nombre, hélas! ne cherchaient-ils pas uniquement à jouir de la vie, dans les fêtes et les spectacles, au milieu de toutes les satisfactions et de tous les raffinements du luxe! Ces bourgeois, sourds à la voix d'une religion qui a lancé de si terribles anathèmes contre les mauvais riches, ces aveugles profanateurs de la richesse songeaient-ils bien, qu'à côté d'eux de nombreuses familles étaient dans la détresse, et que la haine s'amassait dans des cœurs aigris, tandis que, au sein de l'opulence et des plaisirs, ils semblaient oublier si profondément que ceux qui souffrent sont leurs frères, et que Dieu, notre maître et notre père commun, prendra, tôt ou tard, en main leur cause? Comprendront-ils du moins, maintenant, que si nous voulons ramener à nous ces hommes irrités par des souffrances que nous n'avons pas su soulager, il faut autre chose que de belles phrases philosophiques sur les avantages de l'ordre pour toutes les classes de la société, et même pour les dernières; qu'il faut autre chose que la parole ou la plume, ou même que des mesures répressives contre les ouvriers? A tous les discours, à tous les écrits par lesquels vous vous efforcez de les convaincre, que répondront ces hommes qui succombent sous le poids de la misère? — « C'est bien, Messieurs, vous plaidez parfaitement votre » cause, mais vous oubliez trop la nôtre. Un peu moins de » paroles, pas tant d'écrits, s'il vous plaît, et un peu plus » d'œuvres de charité et de désintéressement. Qu'on ne

» parle pas tant de la fraternité, et qu'on la pratique da-
» vantage. » A cela, je ne vois qu'une seule réponse,
mais qui serait péremptoire : Donner abondamment, dilater
son cœur, le livrer à ses frères, se rapprocher de plus en
plus d'eux par la bienveillance et les services. Ces services,
ces actes de bienfaisance, à supposer même qu'ils ne fussent
pas encore des actes de charité chrétienne, vous porteraient
bonheur, ô bourgeois! ô conservateurs! amis de l'ordre; ils
vous feraient autant et plus de bien qu'à vos frères souffrants.
Vous y trouveriez des jouissances bien plus pures et bien
plus réelles, que celles que vous avez cherchées jusqu'ici dans
la satisfaction de toutes vos passions. Mais, surtout, ces actes
de bienfaisance attireraient sur vous les bénédictions du
Ciel, et vous leur devriez sans doute la plus grande de toutes
les faveurs, le retour à la foi de vos pères, à cette foi qui fit,
sans doute, le bonheur de vos premières années, et que vous
avez peut-être eu le malheur de perdre, ou de laisser s'affai-
blir en vous. La bienfaisance vous y ramènerait, comme les
aumônes du centenier Corneille lui méritèrent d'être le pre-
mier gentil appelé à la connaissance de l'Evangile. Et c'est
ainsi que la nation tout entière reviendrait à la religion, qui
a fait sa gloire et son bonheur pendant tant de siècles; c'est
ainsi que la société serait sauvée parmi nous.

Et les gouvernements (car je ne parle pas seulement du
nôtre, puisque partout les mêmes périls menacent la société),
les gouvernements n'ont-ils pas aussi des réflexions à faire,
des résolutions à prendre? N'ont-ils rien à se reprocher sur
leur manière d'agir envers l'Eglise? Modifieront-ils leur conduite cauteleuse en son endroit? Déposeront-ils leur absurde
méfiance? A la vue de ces soulèvements universels des peuples impatients de tout frein et de toute autorité, croiront-

ils encore qu'il soit si facile de conduire des hommes qui ne respectent plus les lois de Dieu, et que pour cela il suffise d'avoir une police? Se souviendront-ils du moins de ces maximes sociales proclamées par les sages de l'antiquité et les oracles de la philosophie païenne? — « C'est la vérité » même, que si Dieu n'a pas présidé à l'établissement d'une » cité, et qu'elle n'ait eu qu'un commencement humain, elle » ne peut échapper aux plus grands maux. Il faut donc tâ- » cher, par tous les moyens imaginables, d'imiter le régime » primitif, et nous confiant en ce qu'il y a d'immortel dans » l'homme, nous devons fonder les maisons ainsi que les » États, en consacrant, comme des lois, les volontés de l'in- » telligence suprème (1). » — « Les villes et les nations les » plus attachées au culte divin ont toujours été les plus du- » rables et les plus sages, comme les siècles les plus reli- » gieux ont toujours été les plus distingués par le génie (2). » Chacun connaît ces paroles si souvent citées du sage Plutarque : « Une ville suspendue en l'air serait plus facile » à former et à maintenir qu'un État sans religion. »

Nos philosophes modernes, dans leurs instants de bonne foi, ont tenu le même langage : — « Cherchez un peuple » sans religion, ce sont les paroles de Hume ; si vous le » trouvez, soyez sûr qu'il ne diffère pas beaucoup des bêtes » brutes. » — « Jamais État ne fut fondé, a dit Rousseau dans » son *Contrat social,* que la religion ne lui servît de base. » — « Rien de plus utile, a écrit à son tour Voltaire lui-même, » que la croyance religieuse ; nous sommes tous intéressés » à la graver dans tous les cœurs. Nulle société ne peut » exister sans elle. » Enfin, le célèbre Vico s'exprime ainsi :

---

(1) Platon, *De Leg.*
(2) Xenophon, *Entretiens mémorables de Socrate*, i, 4-16.

« Si la religion se perd parmi les peuples, il ne leur reste
» plus aucun moyen de vivre en société : ils perdent à la fois
» le lien, le fondement, le respect de l'état social, et jusqu'à
» la forme même de peuple. »

Tous ces témoignages, et mille autres semblables, qui
constatent la nécessité sociale de la religion en général, devraient, ce semble, faire comprendre aujourd'hui à tout
peuple éclairé la nécessité sociale du catholicisme; car quelle
autre religion, que le catholicisme, peut prouver par des
titres irréfragables qu'elle est une religion révélée de Dieu,
enseignée de sa part avec autorité, depuis dix-huit siècles,
sans que jamais les efforts conjurés de toutes les puissances
humaines aient pu invalider ces titres. Oui, on renverserait
toute certitude historique, et les fondements mêmes de la
société, avant de pouvoir ébranler les bases sur lesquelles
repose le catholicisme.

Que lui oppose-t-on aujourd'hui? Le rationalisme. Mais
le rationalisme n'est pas une religion : c'est la raison humaine se révoltant contre Dieu et se proclamant indépendante ;
c'est la négation de toute foi, de toute autorité ; c'est tout au
plus le déisme, et le déisme, comme l'a si bien dit Bossuet,
n'est que l'athéisme déguisé. Il est donc évident qu'il n'y a
sur la terre qu'une seule vraie religion, le catholicisme ; puis
qu'il n'y a que lui qui soit enseigné avec autorité au nom de
Dieu, et qui montre ses titres. D'où je conclus en dernier
lieu que, pour tout esprit éclairé et conséquent, la nécessité
sociale de la religion, une fois reconnue et admise comme
elle l'est généralement, la nécessité sociale du catholicisme
est par-là même démontrée. En deux mots : la religion est
nécessaire à la société. Or, il n'y a de vraie religion qu'une
religion révélée de Dieu et enseignée en son nom avec au-

torité. Mais le catholicisme seul sur la terre peut soutenir l'examen d'un esprit sérieux, comme religion révélée de Dieu; seul il démontre son origine divine; seul il est enseigné par une autorité qui parle de la part de Dieu, et qui s'appuie sur des promesses divines. Donc le catholicisme est absolument indispensable à la société. Et quel peuple éclairé pourrait aujourd'hui croire sérieusement à l'origine divine de quelque autre religion que ce soit?

Mais il ne suffit pas de reconnaître spéculativement que la religion doit être la base de la société; il faut encore lui laisser sa liberté d'action pour le bien. Nous dirons donc à ceux qui sont à la tête des sociétés politiques : à la vue de ces populations que vous ne pouvez plus conduire, et que nuls ne pourraient conduire plus que vous, pas même ceux qui les égarent, à la vue de ces populations ingouvernables, reconnaîtrez-vous enfin que la foi est bonne à quelque chose, qu'elle est le lien de l'unité entre les intelligences, et l'unique fondement sur lequel reposent les devoirs et les droits, base essentielle de la société; et que la charité n'est point non plus inutile pour calmer les passions, pour unir les cœurs, en un mot pour donner aux hommes la vraie civilisation? Toujours sous le coup des émeutes, funeste résultat de la haine qui couve dans les cœurs, croira-t-on encore que le plus pressant besoin d'un État soit de se tenir en garde contre la contagion de la charité catholique. Ah! si depuis longtemps on eût laissé aux catholiques la liberté de s'associer pour secourir leurs frères ; si on eût laissé vivre, se développer les différentes corporations religieuses, qui semblent s'être partagé toutes les infirmités de l'homme pour les soulager toutes, la société en serait-elle où elle en est? Hommes faibles et présomptueux, puisque vous êtes environnés de toutes parts de misères que vous êtes impuissants à guérir, souffrez donc que des mains divines viennent panser les plaies de l'humanité. Depuis dix-huit siècles, Jésus-Christ n'a cessé de les guérir par les mains de ses disciples, comme il les guérissait lui-même lorsqu'il était visiblement sur la terre : *Sanabat omnes oppressos.* Ne comprimez donc plus dans les cœurs catholiques ces élans sublimes de la charité, ce besoin de se sacrifier pour ses frères, de se donner à eux corps et âme. N'étouffez donc plus dans les enfants du Christ ces vocations célestes qui, même de nos jours, feraient embrasser à tant de sujets la pauvreté pour soulager, pour consoler les pauvres ; qui les feraient renoncer à toutes les jouissances, à toutes les consolations de la terre, pour en procurer quelques-unes à des frères malheureux, en y ajoutant les plus précieuses de toutes, celles du Ciel. Ne croyez donc plus, que toutes les fois que nous voulons bégayer avec l'enfance les éléments du catéchisme, nous allons lui souffler à l'oreille des maximes de révolte contre les autorités de la terre ; que quand nous vous demandons la liberté d'élever l'enfance et l'adolescence, au moins les fils des pères chrétiens qui tiennent plus à leur foi qu'à tout le reste, nous ne demandons à former des chrétiens que pour en faire de mauvais citoyens. Ne croyez donc plus, que quand nous sollicitons la faveur d'aller nous enfermer dans vos cachots et dans vos bagnes avec les criminels ; quand nous désirons pouvoir en liberté baiser les chaînes de vos forçats et mêler nos larmes aux leurs, nous conspirons contre l'Etat ; en un mot, que quand nous demandons à être les serviteurs de tous, nous n'aspirons qu'à devenir des maîtres et des tyrans. Vous avez redouté la domination sacerdotale : eh bien ! voyez celle que vous préparent les sauvages réformateurs de la société, et dites si les plus grands abus que vous ayiez pu reprocher à ce clergé du moyen âge, qu'on a tant calomnié, et dont la domination avait cependant donné lieu à ce proverbe : *Il fait bon vivre sous la crosse* ; voyez si ces abus si exagérés sont plus redoutables que les bouleversements et les ruines dont vous menacent le communisme et le socialisme. D'ailleurs, est-ce bien en plein dix-neuvième siècle, avec la liberté de la presse, avec la liberté de la tribune, avec les progrès que le christianisme lui-même a fait faire aux idées, que vous pourriez avoir à redouter des abus, dont les vrais catholiques, dont l'Eglise elle-même, et tout ce qu'il y a eu de plus saint dans l'Eglise, ont toujours gémi plus que vous, et dont la source principale venait déjà du défaut de liberté de l'Eglise, de l'influence tyrannique et corruptrice, que trop souvent les puissances séculières s'arrogèrent sur les élections et les vocations ecclésiastiques et religieuses. Aujourd'hui, le clergé ne peut avoir d'influence que pour le bien ; il ne peut l'exercer que par l'instruction et par la charité, et plus il sera instruit et charitable, moins vous aurez à le redouter [1].

(1) La religion ne change pas, mais elle se développe ; c'est en ce sens que ces paroles d'un père de l'Eglise, *Veritas filia temporis,* sont profondément vraies. Chaque hérésie a donné lieu à une explication plus explicite et plus nette de la vérité dont elle était la négation. La philosophie moderne, qui a attaqué à la fois toutes les vérités chrétiennes, a fourni aux défenseurs de la religion l'occasion de donner des développements de plus en plus admirables à ces mêmes vérités. Comme, tôt ou tard, la manifestation plus grande, plus complète de la vérité, doit amener une perfection plus grande dans l'ensemble de la société chrétienne, les attaques sans cesse renouvelées contre l'Eglise n'ont servi, et ne serviront jamais, qu'au triomphe de cette même Eglise, et elles doivent amener, en dernier résultat, un plus haut degré de perfection chez les nations soumises à son autorité et à sa direction.

Peut-être aussi pourrait-on trouver un sens analogue et non moins profond à ces paroles du Sauveur: *Necesse est ut veniant scandala.* Dieu

Laissez, laissez donc le clergé exercer en pleine liberté sa mission de foi et de charité : c'est la seule qui soit véritablement civilisatrice. Comprenez-le bien, les sociétés ne sont aujourd'hui en proie à de si affreuses convulsions et à des calamités si épouvantables, elles ne sont menacées de maux plus terribles encore, que parce que les individus et les peuples semblent avoir entièrement perdu de vue leur fin surnaturelle.

Voulez-vous savoir pourquoi ces peuples ne sont plus capables de supporter la liberté, et glissent si facilement dans la licence et la démagogie? C'est qu'il n'y a plus assez d'hommes qui possèdent la vraie liberté, la liberté des enfants de Dieu, celle qui consiste à enchaîner ses passions, afin de devenir libre pour le bien. Savez-vous pour-

permet les scandales, les désordres, non-seulement parce qu'ils sont une suite de la liberté humaine, mais encore parce qu'il sait en tirer un plus grand bien, par la loi de la réaction, qui ramène souvent les peuples de l'erreur à la vérité, du mal au bien. La réforme protestante, qui n'a été que le déchaînement des passions, a provoqué la réforme dans le sein de l'Eglise par le concile de Trente. Les horreurs de 93 ont fait éclore des vertus', des actes d'héroïsme vraiment admirables, et ont donné à l'Eglise des martyrs dignes de ses plus beaux jours. De même le socialisme et le communisme, ce scandale monstre et colossal, donnera lieu à une expansion plus grande que jamais de la charité catholique. Nous devons même penser que c'est dans ce dessein de miséricorde encore plus que de justice, que notre Dieu, qui, même quand il frappe, est toujours père, a permis l'apparition, parmi nous, de ces affreuses doctrines. C'est ainsi que le philosophisme et le communisme auront servi à leur manière, et sans doute contre le gré de leurs adeptes, à la gloire et au bien de l'Eglise, en forçant en quelque sorte les catholiques à mieux pratiquer l'Evangile, et en faisant, pour ainsi dire, une nécessité au clergé de travailler de toutes ses forces à devenir tout à la fois plus savant et plus saint. Mais si c'est une nécessité pour le prêtre de faire des progrès dans la vraie science, et encore plus dans la sainteté; si ce n'est qu'à ce prix qu'il pourra accomplir sa mission, et exercer de l'influence dans le monde, je le demande, qu'a donc à redouter le monde d'une telle influence ?

quoi le respect pour l'autorité semble être devenu impossible, et pourquoi chacun ne veut plus reconnaître que la sienne propre? C'est, d'une part, parce que les peuples n'ont plus sous les yeux assez d'exemples de cette obéissance amoureuse et filiale, que le vrai chrétien rend à ses supérieurs, comme représentants de Dieu, et que, d'un autre côté, les maîtres de la terre, qui n'ont plus voulu relever du Maître du Ciel, ont cherché à s'élever par eux-mêmes au-dessus de leurs semblables, et à dominer sur eux à la manière des païens, oubliant ainsi la vraie notion de l'autorité chrétienne, qui consiste à se faire le serviteur des serviteurs de Dieu, et à être juste et père, comme lui. Pourquoi l'égalité n'est-elle plus qu'un prétexte pour se supplanter et s'élever les uns au-dessus des autres? C'est que les exemples des chrétiens qui s'abaissent par amour pour Dieu et pour leurs frères, sont devenus trop rares. Pourquoi la fraternité de nos jours se résout-elle souvent en coups de fusil ou en jeux de guillotine? C'est que les enfants d'un même père ne s'assoient plus à la table mystique de ce père de famille, c'est qu'ils ne vont plus renouveler sans cesse, dans la participation au sacrement d'amour, ces sentiments fraternels, qui portent le vrai chrétien à vivre beaucoup plus pour son prochain que pour lui-même. Pourquoi enfin la pauvreté réelle, qui est inévitable en ce monde, pour un certain nombre de nos semblables, est-elle devenue insupportable? Ah! c'est qu'il n'y a plus assez de ces chrétiens pauvres d'esprit, qui, pour être parfaits, vendent tout ce qu'ils ont et le distribuent aux pauvres; c'est qu'on n'en voit plus assez fouler aux pieds, plaisirs, honneurs, richesses, pour embrasser le saint dénuement de la Croix; c'est qu'on n'en voit plus servir à genoux les pauvres de Jésus-Christ; c'est que la pauvreté n'est

plus un culte parmi nous ; c'est qu'on ne dit plus du fond du
cœur, dans un sens bien autrement élevé que ne le disait
l'antiquité païenne : *Res sacra miser ;* car les pauvres, dit
Bossuet d'après l'Evangile, c'est la noblesse de l'Eglise, puis-
qu'ils ont plus de rapports avec son Roi. Enfin, pourquoi les
pauvres s'irritent-ils contre la misère qui les accable ? C'est
parce qu'on n'a plus voulu nous permettre d'être ostensible-
ment leurs courtisans, de nous revêtir des livrées de l'indigence, ni de faire aux yeux des États catholiques le vœu si
profondément social, aussi bien que chrétien, de la pauvreté
volontaire. Oh ! combien de jeunes lévites qui, en ce moment,
brûleraient du désir de faire ce vœu, de se rendre plus
pauvres que les pauvres, pour pouvoir les soulager ; de travailler de l'esprit et du corps, en se contentant d'un vête-
ment aussi grossier que le leur, d'une nourriture aussi ché-
tive que la leur; de travailler, dis-je, à les instruire eux et
leurs enfants, à les consoler, à les relever à leurs propres
yeux, à adoucir leur position, et à la leur faire trouver même
meilleure et plus avantageuse que celle de tant de riches,
dont on leur a appris à envier le sort, mais qui, avec toutes
leurs richesses, ne réussissent le plus souvent qu'à se rendre
les plus malheureux des hommes.

Si on laissait se relever dans l'Eglise des corporations entièrement vouées aux besoins physiques, intellectuels et re-
ligieux de la classe indigente et malheureuse, combien ces
dévouements de tous les instants et de tous les jours en
enfanteraient d'autres, même dans les rangs des laïques [1] !

---

(1) C'est surtout par l'éducation des enfants que les corporations religieuses pourraient faire un bien infini aux classes inférieures de la société.
Ces corporations peuvent seules , sans inconvénient, donner l'instruction

C'est alors que les pauvres se rapprocheraient des riches, et ne les regarderaient plus comme leurs ennemis. Non, cette classe n'est pas aussi mauvaise ni aussi incorrigible qu'on veut bien le dire ; elle n'est qu'aigrie et égarée, et ce sont les conditions qui sont au-dessus d'elle qui l'ont gâtée. Cette classe, précisément parce qu'elle souffre et parce qu'elle est ordinairement moins tourmentée par l'orgueil, est plus accessible que toute autre à la voix de la religion. Qu'elle ne soit plus rebutée, délaissée ; qu'on lui témoigne surtout un peu d'amour, qu'on améliore son sort, qu'on la mette au-dessus du besoin, qu'on lui donne de bons exemples et de bons principes, qu'on lui fasse goûter à elle aussi le bonheur de pratiquer les vertus chrétiennes, et bientôt on sera tout étonné de la voir si différente d'elle-même. Elle saura distinguer ses véritables amis, ses véritables frères ; elle saura distinguer entre ceux qui réellement lui feront du bien à l'âme et au corps, et ceux qui ne lui donnent que des promesses fausses et mensongères. Bientôt, elle aura horreur de ces hommes qui, pour améliorer le sort des prolétaires, n'ont rien su imaginer de mieux que de les transformer en hordes de brigands et d'assassins, et de les précipiter sur leurs frères un poignard à la main. Bientôt, plus qu'aucune autre classe, en redevenant religieuse, elle détestera le communisme et le

gratuite. Elles sauraient aussi, avec un tact admirable, distinguer parmi les enfants du peuple, ceux qui, par les heureuses dispositions de leur esprit et surtout de leur cœur, mériteraient de recevoir le bienfait d'une instruction et d'une éducation plus développées. Elles sauraient, avec ce discernement que donne la charité, distribuer convenablement l'instruction professionnelle. Qu'on laisse donc faire l'Eglise! Nul n'a été libéral comme elle dans l'éducation. Combien n'a-t-elle pas donné à la société de grands hommes, qu'elle a tirés des dernières classes du peuple, par l'instruction et l'éducation qu'elle leur a gratuitement prodiguées dans ses écoles!

socialisme. En un mot, qu'on laisse faire le catholicisme, et comme il a triomphé de toutes les autres sectes anti-chrétiennes, il triomphera facilement de cette dernière, qui semble avoir hérité de la malignité de toutes celles qui l'ont précédée.

Oui, le peuple, quand il n'est pas corrompu ou égaré par des hommes pervers, a plus de bon sens que tous ces prétendus savants, qui veulent se faire ses docteurs. Il sait bien que tous ne peuvent pas être également pourvus des dons de la fortune, et qu'il faut qu'il y ait des riches pour faire travailler les pauvrés. Il sait que, par suite de la condition humaine, par l'inconduite des uns, les revers de fortune qu'éprouvent les autres, l'incapacité de plusieurs, il y aura toujours des indigents et des malheureux. Mais que la société redevienne chrétienne, et ce peuple, en voyant ceux qui sont pauvres, même par leur faute, suffisamment secourus, ne s'indignera plus. Que la société redevienne sincèrement chrétienne, et tout ouvrier, tout artisan honnête pourra faire honneur à ses affaires, élever convenablement sa famille; beaucoup même des plus habiles pourront parvenir à l'aisance, et alors encore le peuple ne s'irritera plus, ne se soulèvera plus, surtout quand il aura fréquemment sous les yeux des exemples de charité et de désintéressement, tels que les siècles de foi en ont produit en si grand nombre dans tous les rangs, dans toutes les conditions.

Ainsi, qu'on voie encore quelques-uns de nos seigneurs du jour vendre leurs terres et leurs châteaux pour en distribuer le prix aux pauvres, comme le firent le seigneur de Rougemont, converti par Saint-Vincent-de-Paul, et tant d'autres; ou bien qu'on les voie transformer leurs magnifiques maisons de campagne et leurs parcs, en hôpitaux pour toute une vaste contrée, et dans l'âge des plaisirs et des séductions du monde, se faire eux-mêmes infirmiers, dans cet hôpital fondé par eux, comme le firent le jeune comte et la jeune comtesse de La Garaye, qui consumèrent leur vie dans ce dévouement sublime de tous les jours et de tous les instants ; qu'on voie encore des prêtres se vendre au besoin, et plusieurs fois, pour racheter des captifs, comme le fit saint Paulin de Nôle, ou prendre les fers des pauvres galériens, comme Saint-Vincent-de-Paul ; qu'on en voie d'autres s'estimer heureux de servir les prisonniers et de leur baiser les pieds, comme Bernard le pauvre prêtre, même lorsque ces malheureux l'accablaient d'injures et l'abreuvaient d'outrages : que cette sainte folie de la charité, qui est la folie de la Croix, reparaisse parmi nous, et bientôt, on peut le garantir, la société sera guérie du mal qui la tue.

Qu'on voie aussi ceux qui gouvernent imiter saint Louis, se montrer accessibles comme lui aux petits et aux pauvres, qui pouvaient si facilement porter eux-mêmes leurs plaintes au pieux monarque, ou lui demander justice sous le chêne de Vincennes ; qui étaient tellement touchés de sa bonté, qu'ils voulaient faire seuls une croisade pour aller délivrer leur bon roi ; et l'on verra si les petits et les pauvres serviront encore d'instrument à l'émeute. Qu'on voie enfin des dignitaires, bien au-dessous de la majesté de ce grand monarque, ne pas dédaigner de marcher sur ses traces, en visitant comme lui les hôpitaux, pour consoler, pour encourager, pour aider leurs frères souffrants. Ne sait-on pas que ce roi-père poussait la tendresse pour ses sujets, c'est-à-dire pour ses enfants malades, jusqu'à les prendre sur ses bras, quelquefois même dans l'état le plus rebutant pour la nature, et, comme le dit un de ses panégyristes, sans craindre

que ses mains royales en fussent souillées? Tel est l'amour,
je dis plus, tel est le culte du chrétien pour le pauvre, parce
que dans le pauvre le chrétien voit Jésus-Christ, qui déclare
*fait à lui-même tout ce que l'on fait pour le plus petit des
siens.* Mais ce Dieu sauveur ne s'est-il pas lui-même fait
pauvre? N'a-t-il pas mis sa gloire à évangéliser les pauvres?
N'a-t-il pas vécu, conversé avec les pauvres? N'a-t-il pas été
l'ami, le bienfaiteur, le roi des pauvres? N'a-t-il pas béni,
sanctifié et divinisé en quelque sorte la pauvreté?

Faut-il s'étonner après cela que le respect et l'amour du
pauvre, et de tous ceux que la fortune place dans un rang
inférieur, se soient répandus dans toutes les conditions parmi
les vrais chrétiens, et qu'il se soit établi entre eux, dans les
siècles de foi, une réciprocité d'amour, de services et de reconnaissance, qui rapprochait les extrêmes [1].

Je sais tout ce que l'on peut dire sur les abus de ces temps;
mais ces abus étaient ceux de la société mondaine et non
ceux de la société chrétienne; car ces deux sociétés ont toujours coexisté avec un esprit et des maximes tout opposés.
Eh bien! retenons de nos ancêtres ce qu'ils ont eu de bon:
prenons les élans de leur foi et de leur charité; aimons nos
frères comme ils les ont aimés, si nous voulons être aimés
comme ils l'ont été. Ne soyons pas si modérés, si compassés,
si *froids* en fait de fraternité; froids comme le rationalisme et
ses systèmes. Aimons, nous aussi, jusqu'à la folie, nos frères
pauvres, nos frères souffrants, comme les saints des siècles

---

(1) Quelle foule d'exemples ne pourrions-nous pas citer?
Il nous suffirait d'ouvrir au hasard les annales de l'Eglise ou la Vie des
Saints: partout nous rencontrerions des traits éclatants et bien touchants
de cette divine sympathie et de cet inépuisable dévouement qu'inspire la
religion chrétienne pour les pauvres et pour les classes souffrantes.

passés les ont aimés, et bientôt, je vous l'affirme, la glace des cœurs se fondra; les riches étant redevenus compatissants, bons et charitables, les pauvres, de leur côté, redeviendront sensibles, reconnaissants, patients et résignés. Personne alors n'osera plus songer à les transformer en cannibales ou en bourreaux. Oui, la Croix, la Croix seule peut nous sauver : *In hoc signo vinces.*

Pour terminer ces réflexions par quelque chose de pratique, ne pourrait-on pas faire dès maintenant, et de la manière que je vais l'indiquer, une sainte coalition de charité?

L'hiver s'approche avec ses rigueurs : une multitude de familles d'artisans, d'ouvriers, de petits commerçants, ont épuisé, ou à peu près, leurs faibles ressources. Pendant ces deux dernières années, elles ont à grand' peine gagné ce qui leur était strictement nécessaire pour soutenir leur triste existence. L'Etat, eu égard à la situation de ses finances, est dans l'impossibilité absolue de venir au secours de la misère publique. D'ailleurs, l'expérience prouve assez que les efforts qu'il pourrait tenter pour remédier au mal, ne serviraient guère qu'à l'augmenter. En effet, des impôts excessifs, assis sur le revenu ou sur les objets de luxe, pèseraient en dernier résultat, plus encore sur la classe ouvrière et indigente que sur la classe riche. Nouvelle preuve que les moyens purement politiques ou les mesures d'administration civile ne sauraient nous sauver, et ne contribueraient, par des charges nouvelles, qu'à accroître le malaise général. D'ailleurs on aura beau faire, on ne viendra jamais à bout, par des mesures administratives ou par des décrets, de forcér dans leur dernier retranchement l'égoïsme et la cupidité. Ces passions que toutes les puissances de la terre ne sauraient vaincre, et qui ne cèdent qu'aux convictions de la foi, trouveraient toujours le moyen d'échapper à tout ce que pourrait imaginer la législation la plus ingénieuse et la plus savamment combinée pour les atteindre. Au besoin, elles se vengeraient contre les particuliers des rigueurs de l'Etat; elles mettraient à l'abri, comme dans une citadelle, les capitaux qu'elles auraient amassés à force d'épargnes et par la plus sordide avarice. La classe laborieuse, la classe pauvre, s'en trouverait-elle mieux?

Non, il n'y a que la charité et le désintéressement que la religion seule inspire, qui puissent nous sauver des crises terribles qui semblent imminentes. Que la charité donc, ou au moins un patriotisme intelligent et généreux, se réveille dans l'âme de tous les citoyens de la classe moyenne et élevée, et surtout dans l'âme de ceux qui entendent encore la voix de la religion. C'est maintenant que, par des sacrifices momentanés et on ne peut pas plus opportuns, les bourgeois peuvent encore reconquérir, s'ils le veulent, l'affection du peuple et des ouvriers. Que ceux qui sont au-dessus du besoin s'imposent volontairement selon leurs facultés; que les riches et les opulents, qui peuvent davantage, fassent aussi davantage pour venir sur-le-champ au secours de leurs frères. S'ils ne le font pas par dévouement, et pour sauver la patrie de la situation critique où elle se trouve, qu'ils consultent du moins leur intérêt : car, s'ils ne donnent pas abondamment d'eux-mêmes et de bon cœur, comme fit autrefois le clergé, en des circonstances semblables, avec les biens dont il a été dépouillé plus tard, et qui sont aujourd'hui entre leurs mains, à quoi doivent-ils s'attendre? Les menaces retentissantes du communisme et du socialisme leur permettent-elles de se faire illusion et de s'endormir? Espèrent-ils, en continuant à se renfermer dans un aveugle et funeste égoïsme, échapper à leurs fureurs, lorsque Dieu, pour venger sa loi méprisée, brisera peut-être lui-même le frein qui les tenait enchaînées?

Donnons l'exemple. Je n'ai qu'un bien modique revenu, et je sens qu'il faudrait des millions pour soulager une immense misère : n'importe. J'offre en toute simplicité le tiers de ce petit revenu, pour cotisation volontaire, à la première association qui se formera dans les vues que je propose ici. Puisse mon humble offrande provoquer de plus grands dévouements!...

Je vais émettre une idée qui sera peut-être taxée de folie par ceux qui ne comprennent pas combien les voies de la charité chrétienne sont ingénieuses et simples en même temps, mais qui paraîtrait bien naturelle, si nous aimions sincèrement nos frères ; une idée dont l'exécution est facile, et n'exige ni combinaisons savantes, ni frais d'administration, et qui pourrait peut-être à elle seule sauver la France. Ce serait que chaque famille bourgeoise adoptât une famille pauvre ou malheureuse, pour l'aider, la soutenir, la relever, au jour de la détresse et du besoin. Quand les facultés d'une seule famille ne suffiraient pas à cette œuvre de dévouement, deux ou trois pourraient se réunir pour supporter cette charge. Les familles opulentes de leur côté pourraient adopter un plus grand nombre de ces familles souffrantes et dénuées de ressources. Alors les pauvres se réconcilieraient avec les riches ; ils les béniraient, et leurs bénédictions appelleraient celles du Ciel ; alors les liens de la société, depuis si longtemps rompus, se rétabliraient plus forts que jamais. Alors que de misères soulagées, que de souffrances allégées ! et surtout quelle amélioration morale pour les riches et pour les pauvres résulterait de ces relations si douces et si pures que créent les bienfaits et la reconnaissance ! L'éducation chrétienne des enfants des familles pauvres entrerait pour une grande part dans cette sollicitude des riches : et de là encore quel immense avantage pour la société (1) !

Si les opulents du monde ne font que rire de ma proposition, il en sera autrement des riches vraiment chrétiens. Ils savent que Dieu ne leur a donné les richesses qu'ils possèdent que comme un dépôt, pour qu'ils puissent par leurs libéralités faire des heureux, et amasser eux-mêmes pour le Ciel un trésor impérissable. Et pourquoi ne pourrions-nous pas faire ce qui s'est fait à la naissance du christianisme? L'esprit de l'Evangile n'a point changé ; la charité est un feu qui ne s'éteint jamais : elle varie ses moyens et ses œuvres selon les temps ; mais c'est toujours le même amour, le même zèle, le même besoin de se dévouer et de se donner soi-même pour le bien des autres : *Non quærit quæ sua sunt, sed quæ aliorum.*

Ce qu'une société païenne, la république romaine, avait imaginé, pour unir plus étroitement les citoyens, ce qu'elle a exécuté d'une manière bien imparfaite sans doute, et par

(1) Je dois l'avouer ici à ma confusion, jusqu'au moment où ces pensées allaient être livrées à l'impression, j'ignorais que le moyen que je viens de proposer, pour secourir des familles malheureuses, avait déjà reçu un commencement d'exécution, et que ce que je n'avais fait que rêver, craignant même un peu, le dirai-je? que cela ne parût peut-être extraordinaire et difficile à réaliser, était déjà mis en pratique dans la capitale, par les soins du vénérable archevêque de Paris, qui marche si dignement sur les traces de l'illustre martyr de la charité. Au surplus, il n'est pas étonnant que la doctrine de l'Evangile inspire en même temps les mêmes idées aux derniers des enfants de l'Eglise et à ses premiers pontifes. Ma pensée n'est donc pas seulement la mienne, et je puis la présenter avec plus de confiance, dès lors qu'elle est appuyée sur une si respectable autorité.

des vues toutes politiques , je veux parler de cette institution si remarquable des *patrons* et des *clients :* les catholiques ne peuvent-ils pas le faire d'une manière tout autrement parfaite et avantageuse , surtout dans l'intérêt moral de la société, intérêt si négligé, et qui doit pourtant dominer tous les autres? Le monde périt par l'égoïsme ; c'est aux catholiques à le sauver par la charité.

Une autre idée s'est présentée à moi, et c'est peut-être, eu égard aux circonstances, celle qu'il serait plus pressant de réaliser. Ne pourrait-on pas, dans chaque paroisse, fonder une caisse d'assistance, dans laquelle les personnes charitables, qui désirent venir en aide à leurs frères, verseraient leurs offrandes? Les fonds de cette caisse, administrés avec intelligence, seraient employés, soit à procurer des soins et une assistance convenable aux infirmes, aux vieillards, et à tous ceux qui ne peuvent pas travailler, soit à prêter sans intérêt de l'argent à d'honnêtes ouvriers qui se trouvent momentanément gênés, et que des usures achèveraient de ruiner, soit à fournir les matières premières à des artisans qui, sans ce secours, seraient condamnés à l'inaction et par suite à la misère, soit à subvenir aux frais de l'éducation professionnelle des enfants du peuple, etc., etc. En un mot, ces caisses d'assistance seraient destinées, non point à encourager la paresse et la mauvaise conduite, à leur accorder en quelque sorte des primes, par des subventions déplacées ; mais à seconder la bonne volonté des ouvriers laborieux, à activer le travail, à récompenser l'économie et la bonne conduite. Sans doute on ne doit abandonner aucun de ceux qui souffrent ; mais les secours doivent être répartis avec prudence, afin de ne pas augmenter le nombre des malheureux, en fomentant les vices qui conduisent à la misère.

Comme les efforts réunis et bien dirigés de toutes les personnes charitables pourraient incontestablement produire des résultats tout autrement importants, que des aumônes isolées et faites trop souvent au hasard, il me semble que la fondation de ces caisses d'assistance dont je parle, serait d'une très grande utilité. Mais comment ces caisses pourront-elles se garnir de manière à remplir la destination que j'indiquais tout à l'heure, et comment seront-elles administrées? Telles sont les objections qui se présentent naturellement, et auxquelles je réponds brièvement.

Premièrement, je crois ne pas me tromper, et la plupart en conviendront avec moi, si d'une part on ne tient compte que des besoins réels, si d'autre part on suppose que toutes les personnes qui, dans chaque localité, jouissent d'une certaine aisance, et, à plus forte raison, les personnes riches, s'exécutent de bonne grâce; il n'est presque pas une commune en France qui ne puisse assez facilement pourvoir aux nécessités de ses pauvres et de ses vieillards infirmes, et assister, dans les moments critiques, ses ouvriers et ses artisans. Or, il y a longtemps que de bons esprits et des hommes expérimentés en font la remarque, pourquoi, au lieu de ces projets gigantesques et irréalisables ou dangereux, de l'assistance publique par l'Etat, n'avise-t-on pas au moyen de faire secourir, autant qu'il est nécessaire et possible, dans chaque commune, les pauvres et les malheureux qu'elle renferme dans son sein? Il est, d'ailleurs, si naturel que chaque famille s'emploie à soulager de son mieux ses membres souffrants! Or, partout où le christianisme exerce son influence, chaque commune ne doit-elle pas se regarder comme une famille?

En second lieu, pour ce qui est de l'administration des

caisses d'assistance que je propose, pourrait-elle être mieux confiée qu'aux sociétés de Saint-Vincent-de-Paul, dans toutes les villes où existent ces précieuses associations, et les administrateurs des ressources recueillies dans ces caisses ne seraient-ils pas tout trouvés? Dans les autres localités, ne pourrait-on pas former quelque association du même genre? Il n'est guère de paroisses un peu considérables où l'on ne rencontrât quelques hommes charitables, zélés et intelligents, qui s'emploieraient volontiers au succès de la bonne œuvre.

Qu'on ne se fasse donc pas illusion : le véritable obstacle au bien n'est pas précisément le défaut des ressources : elles seront toujours suffisantes, si chacun apporte de son côté un peu de bonne volonté, un peu de dévouement, un peu de cette charité que notre intérêt seul devrait nous porter à pratiquer, quand ce ne serait d'ailleurs pas un devoir. La charité, voilà ce qui nous manque, et la charité ne manque si généralement, dans certaines classes de la société, que parce que la foi, si elle n'y est pas entièrement éteinte, y est au moins bien affaiblie et bien languissante. La foi et la charité, je le répète, voilà l'unique remède à nos maux; en vain le chercherions-nous ailleurs. Que la foi et la charité se raniment donc parmi nous, qu'elles produisent encore aujourd'hui les œuvres qu'elles ont enfantées dans des temps meilleurs, et notre société, toute malade qu'elle est, reprendra peu à peu une nouvelle vie, et nous serons sauvés. Si nous faisons ce que nous devons, si nous nous aimons, si nous nous aidons et nous secourons mutuellement comme des frères, notre Père qui est dans les Cieux prendra soin lui-même de sa famille ; il la bénira, et sa bénédiction nous fera revoir des jours prospères.

On me permettra de citer, en finissant, un passage remarquable tiré d'un livre qui fit sensation lorsqu'il parut, il y a deux ans, et qui résume admirablement toutes les idées que je viens de développer d'une manière si imparfaite. C'est une page de l'introduction qui se trouve en tête de l'excellent ouvrage de M. Chassay qui a pour titre : *Le Christ et l'Evangile:*

« Il nous semble, dit le célèbre auteur, qui écrivait en 1847,
» que l'Evangile seul peut donner une solution sérieuse et
» pratique aux problèmes que soulèvent parmi nous tous les
» esprits sérieux. Le christianisme, appuyé à la fois sur la
» révélation et sur les tendances les plus énergiques du sens
» commun, peut seul donner des lois fermes et durables à
» tant d'esprits flottants, qui s'agitent avec angoisse entre
» les convoitises du despotisme et les menaces de l'anarchie.
» *Seul il pourra poser une barrière invincible à cette féodalité*
» *industrielle et financière, qui corromprait bien vite chez*
» *nous toutes les traditions généreuses ; seul il peut conserver*
» *ce sentiment de la fraternité humaine, qui commence à n'être*
» *plus dans bien des bouches qu'une expression sonore.* Les
» hommes du peuple, en apprenant de lui leur dignité d'en-
» fants de Dieu et de l'Eglise, sauront respecter en même
» temps les droits d'une société qui puise son origine dans
» la volonté du Créateur. Tous entendront de la bouche du
» christianisme, que, sans la charité, la richesse est une ten-
» tation et comme un malheur, et que, sans la résignation
» et la douceur de l'âme, les souffrances passagères de cette
» vie ne mériteront jamais la couronne de gloire promise
» aux pauvres et aux petits. *Le principe fécond de la charité*
» *puisé aux sources les plus pures de l'Evangile, rétablira, dans*
» *les entrailles de la société déchirée, l'unité qui fait la force,*
» *et l'ordre qui fait le bonheur. Par ses fécondes applications ,*

» *il terminera cette guerre de la richesse et du prolétariat, qui*
» *menace la société moderne des plus effrayantes catastrophes.*
» *Il n'y a que lui qui puisse conserver, du moins dans une*
» *sainte harmonie, les droits imprescriptibles de celui qui pos-*
» *sède et de celui qui souffre.*

FIN.